Turkish
Short Stories
for beginners

Foxton's
TURKISH GRADED READERS

FOXTON'S TURKISH GRADED READERS
TURKISH SHORT STORIES FOR BEGINNERS

Copyright © Foxton Books, 2020

First published 2020
by Foxton Books
London, UK

ISBN: 978-1-83925-050-7

Text: Ümit Can Umut
Concept: Yusuf Buz
Illustrator: Merve Oztemel
Designer: Maryke Goldie
Series Editor: Yusuf Buz
Cover Design: Mark Harris

ACKNOWLEDGEMENTS

Photos and vector graphics: Freepik.com and Pixabay.com
Cover illustration: aninata/Shutterstock.com

Explore our other titles in the Foxton's Turkish Graded Readers series:

foxtonbooks.co.uk/turkish-graded-readers

FOXTON BOOKS

www.foxtonbooks.co.uk

Contents

Introduction

Foxton's Turkish Graded Readers are a series of carefully graded books aimed at Turkish learners of beginner to advanced levels. They are based on a comprehensive grammar and vocabulary framework to match each ability level and to ensure each learner progresses. These readers come with beautiful illustrations to help readers gain a better understanding of the story and make books more fun and easier to read. There is also a QR code on the front cover that gives instant and free access to the full audio recording of the stories.

Turkish Short Stories for Beginners (A1) is the first book of the series. It is divided into 6 chapters, which include stories based on real-life situations such as celebrating a birthday party, preparing breakfast, going shopping and eating at a restaurant to help you understand and learn more Turkish vocabulary and phrases.

In order to test and consolidate readers' understanding, grammar and vocabulary skills, we have included comprehension, grammar and vocabulary quizzes at the end of each story.

Each level of reader has a limited number of headwords as demonstrated on the table on the back cover. Words that are essential to the understanding of the story are given at the bottom of the page with their meaning in English. Some words are supported with pictures to aid memory retention. There is also a complete dictionary at the back of the book.

This reader is perfectly aligned with our bestselling book of *Turkish Grammar in Practice*. All the verbs in this reader are made with the Şimdiki Zaman (Present Continuous Tense). This A1 level reader will be best understood when you cover the following units in the *Turkish Grammar in Practice* book:

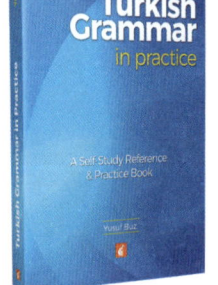

Ünite 1 - 7	Ünite 60 - 62
Ünite 10 - 20	Ünite 65
Ünite 26 - 30	Ünite 70
Ünite 41 - 43	Ünite 78
Ünite 48 - 51	Ünite 93 - 98
Ünite 57	Grammar Essentials Ünite 1 - 15

For further details, please visit turkishgrammarinpractice.com.

1

Sürpriz

Emre bu sabah biraz geç uyanıyor. Çünkü bugün pazar ve tatil. Bugün işe gitmiyor. Eşi Derya odada yok.

Emre, *"Derya acaba nerede?"* diye düşünüyor.

Önce mutfağa bakıyor ama eşi orada değil. Sonra lavaboya ve diğer odalara bakıyor.

Emre, *"Derya... Derya neredesin?"* diye sesleniyor.

Evde sadece minik kedi Pamuk var. Emre onu çok seviyor. O çok sevimli ve güzel bir kedi. Onu kucağına alıyor ve okşuyor.

Emre, *"Pamuk, anne nerede?"* diye soruyor.

Pamuk, *"Miyav... Miyav... "* diye miyavlıyor.

Bu sırada kapıdan sesler geliyor.

Emre, *"Bu Derya..."* diye düşünüyor.

Emre hemen kapıya koşuyor ve kapıyı açıyor. Kapıda Derya var.

Derya, *"Günaydın tatlım."* diyor.

Emre, *"Günaydın. Sen nereden geliyorsun? O çantalarda ne var?"* diye soruyor.

Derya çantaları göstermek istemiyor.

Derya, *"Çantalarda mutfak için bir şeyler var."* diyor.

Vocabulary

çanta
bag

kedi
cat

kapı
door

Emre onu kucağına alıyor ve okşuyor.

sabah morning	**mutfak** kitchen
uyanmak to wake up	**okşamak** to pet
pazar Sunday	**sormak** to ask
tatil holiday	**düşünmek** to think
eş spouse	**ses** noise, sound, voice
istemek to want	**koşmak** to run
hemen quickly, right away	**göstermek** to show

Öğle Vakitleri

Emre bahçede çiçek suluyor. Derya biraz sonra bahçeye geliyor. Elinde bir kağıt var. Bunu Emre'ye uzatıyor.

Derya, *"Bu bir alışveriş listesi. Bana bunlar çok acil lazım."*

Emre listeye bakıyor. Listede şunlar var:

Bir paket makarna, bir koli yumurta, yarım kilo beyaz peynir ve üç tane mum.

Emre şaşırıyor ve *"Bunlar gerçekten acil mi?"* diye soruyor. Derya, *"Evet, gerçekten acil."* diye cevap veriyor.

Emre, *"Tamam. Ben hemen markete gidiyorum."* diyor.

Emre biraz sonra markete gidiyor. Bu sırada, *"Bugün çok önemli bir gün. Ama galiba Derya bunu hatırlamıyor."* diye düşünüyor.

Markette

Emre hemen bir market arabası alıyor. Sonra listeye bakıyor. *"Bir paket makarna... Önce onu satın almak istiyorum. Makarna reyonu işte şurada..."* diye düşünüyor.

Emre reyona geliyor ve bir paket makarna alıyor. Onu market arabasına koyuyor. Sonra tekrar listeye bakıyor.

"Sırada ne var? Bir koli yumurta ve beyaz peynir..." diye düşünüyor.

Emre önce yumurta reyonuna gidiyor. Bir koli yumurta alıyor ve market arabasına koyuyor. Sonra peynir reyonuna gidiyor.

Vocabulary

market arabası
shopping trolley

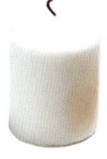

mum
candle

beyaz peynir
white cheese

bir koli yumurta
a carton of eggs

Emre listeye tekrar bakıyor.

bahçe garden	**şaşırmak** to be surprised
sulamak to water (e.g. flowers)	**cevap vermek** to reply
kağıt paper	**hemen** quickly, right away
uzatmak to hand out	**demek** to say
alışveriş listesi shopping list	**önemli** important
gerçekten really	**bakmak** to look
acil urgent, urgently	**Sırada ne var?** What's next?
galiba probably	**reyon** department
hatırlamak to remember	**tekrar** again
makarna pasta	

Orada bir reyon görevlisi var. Reyon görevlisi, *"Hoş geldiniz. Nasıl yardımcı olabilirim?"* diye soruyor.

Emre, *"Hoş bulduk. Yarım kilo beyaz peynir lütfen."* diyor.

Reyon görevlisi, *"Peki efendim. Hemen hazırlıyorum."* diye cevap veriyor.

Emre listeye tekrar bakıyor. *"Bir paket makarna, bir koli yumurta, yarım kilo beyaz peynir. Evet, bunlar market arabasında. Sadece mum eksik."* diye düşünüyor.

Emre markette dolaşıyor ve mumları arıyor. Bu sırada, kendi kendine, *"Derya acaba neden üç tane mum istiyor?"* diye soruyor.

Emre üç tane mum satın alıyor ve alışverişi bitiriyor.

Biraz sonra evde

Emre, poşeti Derya'ya veriyor. Derya'ya, *"Derya neden üç tane mum istiyorsun?"* diye soruyor.

Derya cevap vermiyor. Ama kocasına, *"Şimdi gözlerini kapat lütfen"* diyor.

Emre çok heyecanlı. *"Hiçbir şey anlamıyorum ama tamam, gözlerimi kapatıyorum."* diyor.

Derya mutfağa gidiyor. Biraz sonra odaya geliyor. Elinde kocaman bir pasta var. Pastada üç tane mum var.

Derya, *"Gözlerini şimdi aç lütfen."* diyor. Emre gözlerini açıyor ve çok şaşırıyor. Derya bu sırada şöyle bağırıyor: *"Sürpriz! Mutlu yıllar aşkım!"*

doğum günü pastası
birthday cake

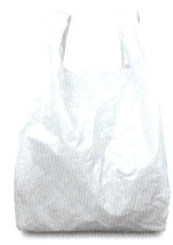

poşet
plastic shopping bag

hazırlamak to prepare
sadece only
tekrar again
dolaşmak to walk around
aramak to look for
eksik missing
bu sırada in the meantime
satın almak to buy
bitirmek to finish
anlamak to understand
bağırmak to scream, to shout
Nasıl yardımcı olabilirim?
How can I help?

"Sürpriz! Mutlu yıllar aşkım!"

Comprehension Quiz

Quiz 1 Answer the following questions.

1. Emre neden geç uyanıyor?

2. Evde hangi hayvan var? Onun adı ne?

3. Derya, Emre'ye bir liste veriyor. Listede neler var?

4. Emre markete gidiyor. Markette önce ne satın alıyor?

5. Emre kaç tane mum satın alıyor?

Quiz 2 Choose the correct answer.

1. Derya, doğum günü için Emre'ye ne hazırlıyor?
   A) Yemek hazırlıyor.   B) Bir pasta hazırlıyor.
   C) Hiçbir şey hazırlamıyor.   D) Bir parti hazırlıyor.

2. Derya mutfağa gidiyor. Elinde kocaman bir _____ var.
   A) balon   B) kek
   C) telefon   D) pasta

3. Markete kim gidiyor?
   A) Markete Emre gidiyor.
   B) Markete Derya gidiyor.
   C) Markete komşu gidiyor.
   D) Markete hiç kimse gitmiyor.

4. O gün Emre için neden önemli?
   A) Çünkü pasta yemek istiyor.
   B) Çünkü sürprizleri seviyor.
   C) Çünkü o gün tatil.
   D) Çünkü onun doğum günü.

5. Emre nereye gidiyor?
   A) Ofise   B) Sinemaya
   C) Markete   D) Okula

Grammar Quiz

Quiz 1 Choose the correct answer.

1. O adam dondurma _____ .
   A) yiyorum   B) yiyor   C) yiyorsun

2. Çocuklar şimdi _____ .
   A) uyuyorlar   B) uyuyorsun   C) uyuyorum

3. Biz şimdi _____ .
   A) koşuyoruz   B) koşuyorsunuz   C) koşuyoruz

4. Derya şimdi yemek _____ .
   A) yapıyorlar   B) yapıyor   C) yapıyorsunuz

5. Emre şimdi alışveriş _____ .
   A) yapıyor   B) yapıyorlar   C) yapıyorum

Quiz 2 Unjumble the following sentences.

1. doğum / bugün/ benim/ günüm

   _____ .

2. markele / Emre / gidıyor

   _____ .

3. mum / üç tane / pastada / var

   _____ .

4. bakıyor / Emre / alışveriş / listesine

   _____ .

5. yarım / kilo / istiyorum / peynir

   _____ .

Vocabulary Quiz

Quiz 1 Write the words for the pictures.

_____ _____ _____

Quiz 2 Match the parts of the words and write the full word.

1. mar…   -na   *makarna*
2. pey…   -tes   _____
3. *makar…*   -yon   _____
4. doma…   -ket   _____
5. re…   -nir   _____

Quiz 3 Complete the sentences with the words below.

> doğum   favori   televizyon   tatile   kahvaltı

1. Ben şimdi _____ seyrediyorum.
2. Biz yarın _____ gidiyoruz.
3. Bugün benim _____ günüm.
4. _____ yapmayı çok seviyorum.
5. Benim _____ yemeğim soslu makarna.

Quiz 4 Complete the sentences with the words below.

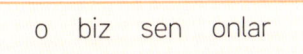

nasıl   nerede   kim

1. Sen _____ çalışıyorsun? / Ben hastanede çalışıyorum.
2. Seni en çok _____ seviyor? / Beni en çok annem seviyor.
3. Bu yemeği _____ pişiriyorsun? / Fırında pişiriyorum.

Quiz 5 Correct the sentences below.

1. Sen müzik dinliyor muyum?
2. Siz bu hafta sonu tatile gidiyor muyuz?
3. Annem şimdi markette alışveriş yapıyorsun.
4. Biz harika şarkı söylüyorlar.
5. Bu aşçı harika yemekler pişiriyorsun.

Quiz 6 Complete the sentences with the words below.

o   biz   sen   onlar

1. _____ şimdi spor yapıyorsun.
2. _____ şimdi havuzda yüzüyorlar.
3. _____ nereye gidiyor?
4. _____ neden sessiz konuşuyoruz?

Cevap Anahtarı (Answer Key)

Comprehension Quiz

Quiz 1

1. Emre neden geç uyanıyor?
   Çünkü o gün pazar ve tatil.

2. Evde hangi hayvan var? Onun adı ne?
   Evde bir kedi var. Onun adı Pamuk.

3. Derya, Emre'ye bir liste veriyor. Listede neler var?
   Listede; bir paket makarna, bir koli yumurta, yarım kilo beyaz peynir ve üç tane mum var.

4. Emre markete gidiyor. Markette önce ne satın alıyor?
   Emre, önce bir paket makarna satın alıyor.

5. Emre kaç tane mum satın alıyor?
   Emre, üç tane mum satın alıyor.

Quiz 2

1. B)   2. D)   3. A)   4. D)   5. C)

Grammar Quiz

Quiz 1

1. B)   2. A)   3. A)   4. B)   5. A)

Quiz 2

1. Bugün benim doğum günüm.

2. Emre markete gidiyor.

3. Pastada üç tane mum var.

4. Emre alışveriş listesine bakıyor.

5. Yarım kilo peynir istiyorum.

Vocabulary Quiz

Quiz 1

1. pasta   2. makarna   3. peynir

Quiz 2

1. market   2. peynir   3. makarna   4. domates   5. reyon

Quiz 3

1. Ben şimdi **televizyon** seyrediyorum.

2. Biz yarın **markete** gidiyoruz.

3. Bugün benim **doğum** günüm.

4. **Kahvaltı** yapmayı çok seviyorum.

5. Benim **favori** yemeğim soslu makarna.

Quiz 4

1. Sen **nerede** çalışıyorsun? / Ben hastanede çalışıyorum.

2. Seni en çok **kim** seviyor? / Beni en çok annem seviyor.

3. Bu yemeği **nasıl** pişiriyorsun? / Fırında pişiriyorum.

Quiz 5

1. Sen müzik dinliyor muyum? / **dinliyor musun?**

2. Siz bu hafta sonu tatile gidiyor muyuz? / **gidiyor musunuz?**

3. Annem şimdi markette alışveriş yapıyorsun. / **alışveriş yapıyor.**

4. Biz harika şarkı söylüyorlar. / **söylüyoruz.**

5. Bu aşçı harika yemekler pişiriyorsun. / **pişiriyor.**

Quiz 6

1. **Sen** şimdi spor yapıyorsun.

2. **Onlar** şimdi havuzda yüzüyorlar.

3. **O** nereye gidiyor?

4. **Biz** neden sessiz konuşuyoruz?

Not (Notes)

2

Sipariş

Derya ve Emre kahvaltı yapıyorlar. Emre biraz heyecanlı görünüyor.

Derya, *"Tatlım bugün çok heyecanlısın. Neden?"* diye soruyor. Emre, *"Neden heyecanlıyım? Bunu biliyorsun. Çünkü bugün oraya gidiyoruz."* diye cevap veriyor.

Derya, *"Evet, doğru. Ama oraya ilk kez gitmiyoruz"* diyor. Emre bir yudum çay içiyor ve Derya'ya, *"Sen heyecanlı değil misin?"* diye soruyor.

Derya, *"Tabii ki... Ben de heyecanlıyım. Ama bu kez sende farklı bir şey var."* Emre bir şey söylemiyor.

Bir süre sonra kahvaltı bitiyor. Emre elini yüzünü yıkıyor. Dişlerini fırçalıyor. Takım elbise giyiyor.

Emre, *"Tatlım ben işe gidiyorum. Akşam lütfen beni evde bekleme ve oraya git."* diyor.

Derya, *"Tamam hayatım ama ya rezervasyon?"* diye soruyor. Emre, *"Rezervasyonumuz var. Aynı masa."* diyor. Emre bu sırada sessizce, *"Bugün senin için büyük bir sürprizim var!"* diyor. Derya tabii ki bunu duymuyor. Emre daha sonra evden ayrılıyor.

Derya ve Emre bugün bir restorana gidiyorlar. Ancak bu sıradan bir restoran değil. Bu restoran şehirde çok ünlü. Harika yemekleri var. Ayrıca çok pahalı bir yer.

Vocabulary

heyecanlı
excited

takım elbise
suit

Emre "Tatlım ben işe gidiyorum. Akşam lütfen beni evde bekleme ve oraya git." diyor.

kahvaltı yapmak to have breakfast
görünmek to seem
cevap vermek to reply
doğru true, right
bilmek to know
ilk kez for the first time
yudum sip
farklı different
harika wonderful
yıkamak to wash
fırçalamak to brush
giymek to wear

ama ya ...? but what about ...?
tabii ki of course, for sure
duymak to hear
aynı same
sessizce quietly
ayrılmak to leave
şehir city
sıradan ordinary
ünlü famous
ayrıca moreover, also
pahalı expensive
yer place

21

Restoranda

Derya restorana geliyor. Garson, *"Hoş geldiniz. Rezervasyonunuz var mı?"* diye soruyor.

Derya, *"Evet, var. Derya ve Emre adına."* diyor. Garson listeyi kontrol ediyor ve sonra, *"Evet efendim. Masanız hemen şurada. Buyurun."* diyor.

Derya masaya geçiyor. Garson, *"Efendim, menümüz burada. Şimdi sipariş vermek istiyor musunuz?"* diye soruyor. Derya, *"Hayır. Kocamı bekliyorum. Şu an için sadece su lütfen."* diye cevap veriyor.

Garson, *"Peki efendim."* diyor ve ayrılıyor. Ancak biraz sonra tuhaf bir şey oluyor. Garson masaya tekrar geliyor. Elinde kocaman bir tabak var. Tabakta büyük ve kızarmış bir tavuk var.

Garson, *"Buyurun efendim."* diyor. Derya şaşırıyor ve *"Ama ben sipariş vermedim."* diyor. Garson, *"Efendim, bu kızarmış tavuk sizin için. Şu beyefendi sizin için ısmarlıyor."* diyor.

Derya daha fazla şaşırıyor ve *"Hangi beyefendi?"* diye soruyor. Garson, eliyle bir masayı işaret ediyor. Orada bir adam var. Uzun montlu, gözlüklü, şapkalı ve sakallı bir adam.

Derya adama bakıyor ama onu tanımıyor. *"Bu da kim? Ben kızarmış tavuğu çok seviyorum. O bunu nasıl biliyor?"* diye düşünüyor.

Vocabulary

sakallı adam
man with beard

kızarmış tavuk
grilled chicken

Garson, "Efendim, bu kızarmış tavuk sizin için. Şu beyefendi sizin için ısmarlıyor." diyor.

... adına in the name of ...
Evet efendim Yes, madam/sir
kontrol etmek to check
masa table
hemen şurada right there
sipariş vermek to place an order
şu an için for now
sadece only
Peki efendim Okay, madam/sir
ayrılmak to leave
tuhaf strange

kocaman very big
tabak plate
ısmarlamak to order
şaşırmak to be surprised
beyefendi gentleman
bakmak to look
tanımak to recognise
sevmek to like, to love
bilmek to know
düşünmek to think

23

Biraz sonra

Biraz sonra garson yine geliyor. Bu kez elinde bir şişe mango suyu var. Garson, *"Derya Hanım, bu da sizin için. Aynı beyefendi ısmarlıyor."* diyor.

Derya garsona bir şey söylemiyor. Ancak, *"Bu adam... O kim ve neden böyle yapıyor?"* diye düşünüyor.

Tam bu sırada telefon çalıyor. Derya telefona bakıyor. *"Emre arıyor."* diyor. Hemen telefonu açıyor.

Derya, *"Emre neredesin?"* diye soruyor. Emre cevap vermiyor ama *"Kızarmış tavuk nasıl?"* diye soruyor.

Derya şaşırıyor ve *"Ama sen... Bunu nasıl biliyorsun?"* diye soruyor. Emre gülüyor ve telefonu kapatıyor.

Biraz sonra sakallı adam masadan kalkıyor ve Derya'ya yaklaşıyor. Masaya geliyor ve duruyor. Adam Derya'ya bakıyor.

Derya, *"Siz kimsiniz?"* diye soruyor. Adam birden sakalı ve bıyığı çıkarıyor ve *"Sürpriz!"* diye bağırıyor.

Derya, *"Emre! Bu sensin!"* diyor.

Derya ve Emre o akşam birlikte çok eğleniyorlar.

Vocabulary

şişe
bottle

bıyık
moustache

masa
table

Adam birden sakalı ve bıyığı çıkarıyor ve "Sürpriz!" diye bağırıyor.

bu sefer this time	**biraz sonra** after a while
sizin için for you	**yaklaşmak** to approach
tam bu sırada just then	**durmak** to stop
mango suyu mango juice	**birden** suddenly
(telefon) çalmak (phone) to ring	**sakal** beard
telefonu açmak to answer the phone	**bağırmak** to scream, to shout
gülmek to laugh	**birlikte** together
telefonu kapatmak to hang up	**eğlenmek** to have fun

25

Comprehension Quiz

Quiz 1 Answer the following questions.

1. Emre bugün neden heyecanlı?

2. Onlar restorana ilk kez mi gidiyorlar?

3. Garson masaya önce ne getiriyor?

4. Derya mango suyu sipariş ediyor mu?

5. Gözlüklü ve şapkalı adam aslında kim?

Quiz 2 Choose the correct answer.

1. Derya ve Emre nereye gidiyorlar?
   A) ofise   B) müzeye
   C) restorana   D) partiye

2. Garson masaya geliyor. Elinde kocaman bir _____ var.
   A) kızarmış hindi   B) kızarmış tavuk
   C) limonata   D) mango

3. Derya restorana gidiyor. Garsondan ne istiyor?
   A) Hiçbir şey istemiyor.   B) Mango suyu istiyor.
   C) Sadece su istiyor.   D) Kızarmış tavuk istiyor.

4. Garson, Derya'ya ne suyu getiriyor?
   A) Elma suyu
   B) Vişne suyu
   C) Portakal suyu
   D) Mango suyu

5. Derya kızarmış tavuğu seviyor mu?
   A) Evet, seviyor.
   B) Hayır, sevmiyor.

Grammar Quiz

Choose the correct answer.

1. Ben şimdi _____ .
   A) koşuyorlar
   B) koşuyorsun
   C) koşuyorum
   D) koşuyoruz

2. Bu çocuklar şimdi futbol _____ .
   A) oynuyoruz
   B) oynuyorlar
   C) oynuyorum
   D) oynuyorsun

3. Bu kadın şimdi kahve _____ ?
   A) içiyor musunuz
   B) içiyor muyuz
   C) içiyor musun
   D) içiyor mu

4. Onlar _____ ? / Evet, uyuyorlar.
   A) uyuyorlar
   B) uyuyorlar mı
   C) uyuyor musunuz
   D) uyuyor muyuz

5. O kadın _____ .
   A) kayak yapıyor
   C) yüzüyor
   B) yürüyor
   D) koşuyor

Vocabulary Quiz

Quiz 1 Write the words for the pictures.

bir bardak _____   dört tane _____   bir fincan _____

Quiz 2 Match the parts of the words and write the full word.

1. ma...   -vuk   _____
2. *gar*...   -riş   *garson*
3. ta...   -sa   _____
4. ta...   *-son*   _____
5. sipa...   -bak   _____

Quiz 3 Complete the sentences with the words below.

> bardak   araba   televizyon   kitap   akşam yemeği

1. Bugün _____ için restorana gidiyoruz.
2. Sen şimdi _____ seyrediyor musun?
3. Ben şimdi _____ okuyorum.
4. Bir _____ çay 2 lira.
5. O çok hızlı _____ kullanıyor.

Quiz 4 Complete the sentences with the words below.

> ne   nereden   nereye

1. Siz _____ gidiyorsunuz? / Biz sinemaya gidiyoruz.
2. Onlar _____ geliyorlar? / Onlar piknikten geliyorlar.
3. Sen _____ yiyorsun? / Ben patates kızartması yiyorum.

Quiz 5 Correct the sentences below.

1. O şimdi çayda içiyor mu?
2. Kedi ne zaman sütler içiyor?
3. Sen şimdi kitapta okuyor musun?
4. Biz mutfaktan yemek yapıyoruz.
5. Onlar piknikten çok eğleniyorlar.

Quiz 6 Complete the sentences with the words below.

> o   ben   sen   biz   onlar

1. _____ kütüphanede kitap okuyorlar.
2. _____ şimdi siparişleri getiriyor.
3. _____ araba sürüyorum.
4. _____ çiçekleri suluyorsun.
5. _____ uçak ile yolculuk yapıyoruz.

Cevap Anahtarı

Comprehension Quiz

Quiz 1

1. Emre bugün neden heyecanlı?
   Çünkü Emre, Derya için bir sürpriz hazırlıyor.

2. Onlar restorana ilk kez mi gidiyorlar?
   Hayır, ilk kez gitmiyorlar.

3. Garson masaya önce ne getiriyor?
   Garson masaya önce büyük ve kızarmış bir tavuk getiriyor.

4. Derya mango suyu sipariş ediyor mu?
   Hayır, Derya mango suyu sipariş etmiyor.

5. Gözlüklü ve şapkalı adam aslında kim?
   O adam aslında Emre.

Quiz 2

1. C)   2. B)   3. C)   4. D)   5. A)

Grammar Quiz

1. C)   2. B)   3. D)   4. B)   5. A)

Vocabulary Quiz

Quiz 1

1. bir bardak **çay**
2. üç tane **yumurta**
3. bir fincan **kahve**

Quiz 2 Eşleştir ve yaz.

1. masa   2. garson   3. tavuk   4. tabak   5. sipariş

Quiz 3

1. Bugün **akşam yemeği** için restorana gidiyoruz.
2. Sen şimdi **televizyon** seyrediyor musun?
3. Ben şimdi **kitap** okuyorum.
4. Bir **bardak** çay 2 lira.
5. O çok hızlı **araba** kullanıyor.

Quiz 4

1. Siz **nereye** gidiyorsunuz?
   Biz sinemaya gidiyoruz.
2. Onlar **nereden** geliyorlar?
   Onlar piknikten geliyorlar.
3. Sen **ne** yiyorsun?
   Ben patates kızartması yiyorum.

Quiz 5

1. O şimdi çayda içiyor mu? / **çay**
2. Kedi ne zaman sütler içiyor? / **süt**
3. Sen şimdi kitapta okuyor musun? / **kitap**
4. Biz mutfaktan yemek yapıyoruz. / **mutfakta**
5. Onlar piknikten çok eğleniyorlar. / **piknikte**

Quiz 6

1. **Onlar** kütüphanede kitap okuyorlar.
2. **O** şimdi siparişleri getiriyor.
3. **Ben** araba sürüyorum.
4. **Sen** çiçekleri suluyorsun.
5. **Biz** uçak ile yolculuk yapıyoruz.

Not

3

Hayaletler

Derya ve Emre sinemadalar. Bugün sinemada yeni bir film var: *Hayaletler*. Her ikisi de bu filmi merak ediyorlar. Ancak Derya daha heyecanlı.

Derya, *"Emre çok heyecanlıyım. Hayalet filmleri benim favorim. Onları çok seviyorum."* diyor.

Emre, *"Evet, tatlım. Bunu biliyorum. Hayalet filmleri her zaman senin favorin."* diyor.

Panolarda film afişleri var. Derya bir afişi işaret ediyor ve *"Ne harika bir afiş. Hayalet sanki gerçek gibi. Öyle değil mi?"* diye soruyor.

Emre, *"Evet, bence de. Afiş çok güzel."* diye cevap veriyor.

Derya ve Emre afişe biraz daha bakıyorlar. Daha sonra Emre, *"Derya haydi... Gişeye gidiyoruz."* diyor.

Derya, *"Evet, haklısın. Film biraz sonra başlıyor ama biletimiz yok."* diyor.

Derya ve Emre gişeye yürüyorlar. Derya, *"Hayaletler... Bu filmi seyretmek için sabırsızlanıyorum."* diyor. Emre, *"Evet canım. Bunun farkındayım."* diyor.

Derya bu arada başını çeviriyor ve afişe tekrar bakıyor. Ancak tam bu anda tuhaf bir şey oluyor. Hayalet, Derya'ya gülümsüyor ve el sallıyor. O sanki canlı gibi!

Derya, *"Olamaz!"* diye bağırıyor.

Vocabulary

bilet
ticket

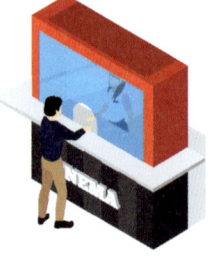

gişe
ticket office

film afişi
movie poster

"Ne harika bir afiş. Hayalet sanki gerçek gibi. Öyle değil mi?"

---

sinema cinema
yeni new
hayalet ghost
her ikisi de both of them
merak etmek to be curious about
heyecanlı excited
favori favourite
sevmek to like, to love
bilmek to know
Ne harika bir ...! What a wonderful ...!
afiş poster

işaret etmek to point at
gerçek real
Öyle değil mi? Don't you agree?
bence de I think so too.
gişe ticket office
haklısın you are right
biraz sonra shortly
yürümek to walk
sabırsızlanmak to get impatient
farkındayım I am aware
bakmak to look

35

Derya çok heyecanlanıyor ve Emre'ye, *"Emre bak... Afişe bak!"* diyor. Emre, *"Neler oluyor?"* diye soruyor ve afişe bakıyor. Ancak afiş normal görünüyor.

Emre, *"Derya iyi misin? Afişte ne var? Ne görüyorsun?"* diye soruyor. Derya, *"Ama... Olamaz! O afiş... O hayalet... Biraz önce..."* diyor.

Emre afişe tekrar bakıyor ve *"Evet, canım. Afiş çok güzel. Haydi şimdi gişeye gidiyoruz."* diyor.

Gişede

Derya ve Emre gişeye geliyorlar. Bilet satın almak istiyorlar. Görevli, *"Hoş geldiniz. Nasıl yardımcı olabilirim?"* diye soruyor.

Emre, *"Hoş bulduk. Hayaletler filmi için iki bilet lütfen."* diye cevap veriyor. Görevli, *"Hangi seans için?"* diye soruyor. Emre, *"20:00 seansı için lütfen."* diye cevap veriyor.

Görevli, *"Peki efendim. Bileti hangi sıradan istiyorsunuz?"* diye soruyor. Emre, *"Ortalardan lütfen."* diye cevap veriyor.

Görevli biraz sonra iki tane bilet uzatıyor ve *"K sırası. Koltuk numaraları sekiz ve dokuz. Salon numarası üç. Film 15 dakika sonra başlıyor."* diyor. Emre, *"Teşekkür ederim."* diyor.

Görevli, *"Rica ederim. Toplam 40 lira. Ödemeniz nakit mi yoksa kart mı?"* diye soruyor.

Emre, *"Nakit."* diye cevap veriyor ve parayı uzatıyor. Daha sonra biletleri alıyor.

Vocabulary

nakit
cash

kredi kartı
credit card

Emre, "Nakit." diye cevap veriyor ve parayı uzatıyor.

heyecanlanmak to get excited
Neler oluyor? What's happening?
görünmek to look, to appear
görmek to see
sormak to ask
Olamaz! Impossible! / No way!
tekrar again
satın almak to buy
Nasıl yardımcı olabilirim?
  How can I help?

seans session
sıra row
biraz sonra after a while
koltuk numaraları seat numbers
salon numarası hall number
başlamak to begin
toplam total
ödeme payment
uzatmak to hand out

37

Derya ve Emre salon 3'e yürüyorlar. Derya yine çok heyecanlı. *"Salon 1... Salon 2... Evet... İşte orada... Salon 3 orada."* diyor. Emre saate bakıyor ve *"Film 13 dakika sonra başlıyor. İçecek ve mısır istiyor musun?"* diye soruyor.

Derya, *"Evet, canım. Lütfen benim için büyük boy mısır ve bir limonata satın al."* diyor. Emre, *"Tabii ki."* diyor ve kantine gidiyor. Derya kantine gitmiyor ve orada bekliyor.

Kantinde

Emre kantine geliyor. Kantin görevlisi, *"Buyurun efendim. Ne arzu edersiniz?"* diye soruyor.

Emre, *"İki tane büyük boy mısır ve iki soğuk limonata lütfen."* diye cevap veriyor.

Salonun Önünde

Derya yine afişlere bakıyor. Kendi kendine, *"Ne harika bir afiş. Sanki gerçek gibi!"* diyor.

Derya tam bu sırada arkadan bir ses duyuyor.

"Evet, ben gerçeğim!"

Derya hızla arkasına bakıyor. Bu Emre! Elinde siparişler var ve gülüyor.

Vocabulary

patlamış mısır
pop corn

limonata
lemonade

Derya da gülüyor ve *"Emre çok şakacısın!"* diyor. Emre, *"Evet tatlım... Benim şakalarım ve senin hayal gücün."* diyor.

Her ikisi de gülüyor. Emre, *"Haydi... Salona giriyoruz. Film başlıyor. Hayaletler bizi bekliyorlar."* diyor.

Derya hızla arkasına bakıyor. Bu Emre! Elinde siparişler var ve gülüyor.

yürümek to walk	**gerçek** real
yine again, still	**arkadan** from behind
dakika minute	**duymak** to hear
içecek drinks	**hızla** quickly
büyük boy big size	**siparişler** orders
Ne arzu edersiniz?	**şaka** joke
What would you like?	**hayal gücü** imagination
soğuk cold	**girmek** to enter
Sanki It seems as if	**beklemek** to wait

Comprehension Quiz

Quiz 1 Answer the following questions.

1. Derya ve Emre bugün neredeler?
2. Onlar hangi filme gidiyorlar?
3. Derya afişte ne görüyor?
4. Onlar filmi hangi salonda seyredecekler?
5. Emre kantinden neler satın alıyor?

Quiz 2 Choose the correct answer.

1. Onlar sinemada hangi sıradan bilet satın alıyorlar?
   A) H sırasından
   B) K sırasından
   C) en arkadan
   D) en önden

2. "Borcunuz 40 lira. Ödemeniz _____ mi yoksa kart mı?"
   A) toplam
   B) bozuk
   C) para
   D) nakit

3. Derya hangi içeceği sipariş veriyor?
   A) limonata
   B) vişne suyu
   C) ayran
   D) portakal suyu

4. Onlar film için kaç bilet satın alıyorlar?
   A) Bir bilet satın alıyorlar.
   B) İki bilet satın alıyorlar.
   C) Üç bilet satın alıyorlar.
   D) Bilet satın almıyorlar.

5. Derya'nın favori filmleri hangisi?
   A) bilimkurgu filmleri
   B) romantizm filmleri
   C) hayalet filmleri
   D) macera filmleri

Grammar Quiz

Quiz 1 Choose the correct answer.

1. O araba _____? / Evet, o araba.
   A) mü
   B) mı
   C) mi
   D) mu

2. O aşçı _____? / Evet, o _____.
   A) mı / aşçı
   B) mi / aşçısın
   C) mı / aşçı mı
   D) mu / aşçı

3. O kadın _____?
   Hayır, o kadın _____.
   A) mi / değil
   B) mı / değil
   C) mı / değilsin
   D) mu / değilim

4. O kamera _____?
   Hayır, o fotoğraf makinesi.
   A) mi
   B) mu
   C) mı
   D) mü

5. O gitar _____? / Evet, o _____.
   A) mı / gitarlar
   B) mu / gitar
   C) mi / gitar değil
   D) mı / gitar

Vocabulary Quiz

Quiz 1 Write the words for the pictures.

b_____ l_____ ç ____ b_____

Quiz 2 Match the parts of the words and write the full word.

1. inter…	-raf	_____
2. bilgi…	-fon	_____
3. tele…	-let	_____
4. *tab…*	-sayar	*tablet*
5. fotoğ…	-net	_____

Quiz 3 Complete the sentences with the words below.

> ofiste   romantik   hayvanları   bahçede   alışverişe

1. Biz yarın _____ gidiyoruz.
2. Çocuklar _____ top oynuyorlar.
3. Ben tüm gün _____ çalışıyorum.
4. Ben tüm _____ çok seviyorum.
5. Siz en çok _____ filmleri seviyorsunuz.

Quiz 4 Complete the sentences with the words below.

neden   nerede   ne zaman

1. Siz tatile _____ gidiyorsunuz? / Biz tatile yarın gidiyoruz.

2. Sen _____ çok yemek yiyorsun? / Çünkü çok açım.

3. O _____ yaşıyor? / O, Londra'da yaşıyor.

Quiz 5 Correct the sentences below.

1. Ördekler şimdi gölde yüzüyorsunuz.

2. O çok harika resimler çiziyoruz.

3. Ben her sabah banyo yapıyorsun.

4. Sen neden hızlı konuşuyor?

5. Ben gitar ve piyano çalıyorsun.

Quiz 6 Complete the sentences with the words below.

onlar   ben   siz   o

1. _____ internete giriyorum.

2. _____ şimdi sinemada film seyrediyorlar.

3. _____ telefonda konuşuyor.

4. _____ temizlik yapıyorsunuz.

Cevap Anahtarı

Comprehension Quiz

Quiz 1

1. Derya ve Emre bugün neredeler?
   Onlar bugün sinemadalar.

2. Onlar hangi filme gidiyorlar?
   Onlar Hayaletler**'e gidiyorlar. (Onlar** Hayaletler **adlı filme gidiyorlar.)**

3. Derya afişte ne görüyor?
   Derya afişte bir hayalet görüyor. O hayalet canlı gibi.

4. Onlar filmi hangi salonda seyredecekler?
   Onlar filmi 3 numaralı salonda seyredecekler.

5. Emre kantinden neler satın alıyor?
   Emre kantinden iki tane büyük boy mısır ve iki soğuk limonata satın alıyor.

Quiz 2

1. B)   2. D)   3. A)   4. B)   5. C)

Grammar Quiz

1. B)   2. A)   3. B)   4. C)   5. D)

Vocabulary Quiz

Quiz 1

1. bilgisayar   2. limonata   3. çay bardağı

Quiz 2

1. internet
2. bilgisayar
3. telefon
4. tablet
5. fotoğraf

Quiz 3

1. Biz yarın **alışverişe** gidiyoruz.
2. Çocuklar **bahçede** top oynuyorlar.
3. Ben tüm gün **ofiste** çalışıyorum.
4. Ben tüm **hayvanları** çok seviyorum.
5. Siz en çok **romantik** filmleri seviyorsunuz.

Quiz 4

neden, nerede, ne zaman

1. Siz tatile **ne zaman** gidiyorsunuz?
   Biz tatile yarın gidiyoruz.
2. Sen **neden** çok yemek yiyorsun?
   Çünkü çok açım.
3. O **nerede** yaşıyor?
   O, Londra'da yaşıyor.

Quiz 5

1. Ördekler şimdi gölde yüzüyorsunuz. / **yüzüyorlar**
2. O çok harika resimler çiziyoruz. / **çiziyor**
3. Ben her sabah banyo yapıyorsun. / **yapıyorum**
4. Sen neden hızlı konuşuyor? / **konuşuyorsun**
5. Ben gitar ve piyano çalıyorsun. / **çalıyorum**

Quiz 6

1. **Ben** internete giriyorum.
2. **Onlar** şimdi sinemada film seyrediyorlar.
3. **O**, telefonda konuşuyor.
4. **Siz** temizlik yapıyorsunuz.

Not

4

Omlet

Bugün pazar ve tatil. Emre sabah erken uyanıyor. Bugün Derya'ya bir sürpriz yapmak istiyor. Emre, *"Şimdi onun için harika bir kahvaltı hazırlamak istiyorum."* diye düşünüyor.

Emre yataktan sessizce kalkıyor. Yavaşça yürüyor. Kapıyı açıyor, odadan çıkıyor ve kapıyı kapatıyor. Emre, *"Harika... Derya hâlâ uyuyor. Şimdi hemen mutfağa geçiyorum."* diyor.

Mutfakta

Emre önce birkaç tane domates ve salatalık yıkıyor. Sonra onları ince ince kesiyor ve tabağa koyuyor. Sonra masaya reçel, zeytin ve peynir gibi kahvaltılıklar yerleştiriyor. Bu arada çay demliyor.

Emre, *"Derya için çay çok önemli. O, çayı çok seviyor."* diye düşünüyor.

Emre harika bir kahvaltı hazırlıyor. Biraz sonra masaya bakıyor ve *"Domates, peynir, zeytin, reçel, tereyağı... Her şey tamam gibi."* diye düşünüyor.

Sonra sevimli kedi Pamuk'a bakıyor ve ona *"Prenses... Sence her şey tamam mı? Eksik var mı?"* diye soruyor. Pamuk, *"Miyav, miyav..."* diye miyavlıyor.

Ancak Emre bir anda bir şey hatırlıyor ve *"Omlet! Derya omleti çok seviyor."* diye düşünüyor.

Emre hemen buzdolabını açıyor ama *"Olamaz! Yumurta yok..."* diyor. Evet, buzdolabında yumurta yok. Emre mutfağa bakıyor.

Vocabulary

salatalık
cucumber

tereyağı
butter

yumurta
egg

"Derya için çay çok önemli. O, çayı çok seviyor."

tatil holiday
sabah morning
erken early
uyanmak to wake up
harika wonderful
kahvaltı breakfast
hazırlamak to prepare
sessizce quietly
kapatmak to close
hâlâ still
uyumak to sleep

birkaç several
yıkamak to wash
kesmek to cut
koymak to put
çay demlemek to brew the tea
önemli important
sence in your opinion
tamam okay
eksik missing
hatırlamak to remember

Omlet

"Sadece bir yumurta... Bana bir yumurta lazım" diye düşünüyor. Tam bu sırada tezgâhta büyük bir yumurta görüyor.

Emre çok seviniyor. Bu büyük yumurta onun için bir sürpriz. Hemen yumurtayı eline alıyor ve "Ne kadar da büyük! İlk kez bu kadar büyük bir yumurta görüyorum." diyor.

Emre bu sırada saate bakıyor. "Olamaz! Saat dokuza geliyor. Derya uyanmak üzere. O her zaman saat dokuzda uyanıyor." diye düşünüyor.

Yumurtayı yavaşça tezgâha bırakıyor. Sonra küçük bir tava alıyor ve onu ocağa koyuyor. Tavaya biraz yağ döküyor.

Bu sırada Pamuk yaramazlık yapıyor. Yumurtaya yaklaşıyor ve onunla oynuyor.

Emre, "Evet, her şey hazır. Şimdi yumurtayı tavaya kırıyorum ve harika bir omlet hazırlıyorum." diyor. Ancak Pamuk yumurtayı yere düşürmek üzere.

Emre bunu görüyor ve "Hayır, Pamuk! Lütfen yumurtayı düşürme!" diyor. Ancak Pamuk onu dinlemiyor.

Emre yavaş yavaş yürüyor ve yumurtayı almak istiyor. Bir adım... Bir adım daha... Evet... Çok az bir mesafe var. Emre yumurtayı almak üzere...

Ancak Pamuk yumurtaya tekrar dokunuyor ve yumurta tezgahtan aşağıya düşüyor.

Çatttt

Emre, "Olamaz! Evde başka yumurta yok." diyor.

Vocabulary

ocak
cooker

tava
frying pan

tezgah
kitchen counter

Ancak Pamuk yumurtaya tekrar dokunuyor ve yumurta tezgahtan aşağıya düşüyor.

---

sadece only
sevinmek to become happy
bu sırada in the meantime
uyanmak üzere about to wake up
 -mek/mak üzere
   about to do something
her zaman always
yavaşça slowly
yaramazlık yapmak to be naughty

yaklaşmak to approach
oynamak to play
hazır ready
düşürmek to drop
dinlemek to listen
mesafe distance
dokunmak to touch
düşmek to fall

Emre tekrar saate bakıyor *"Saat dokuz. Sanırım Derya uyanmak üzere…"* diyor. Tam bu sırada Derya mutfağa geliyor. Derya, *"Günaydın hayatım… Bu sesler de ne?"* diye soruyor.

Emre, *"Günaydın tatlım"* diyor ve Derya'ya kahvaltıyı gösteriyor. Derya masaya bakıyor ve çok şaşırıyor. Derya, *"Ama bu… Bu kahvaltı… Çok harika…"* diyor. Emre, *"Sürpriz! Bu kahvaltı güzel eşim için!"* diyor.

Derya, Emre'ye bakıyor ve *"Çok teşekkür ediyorum. Harika görünüyor."* diyor.

Emre çok seviniyor. Derya masaya yaklaşıyor ve kahvaltılıklara bakıyor. Gerçekten de her şey çok harika görünüyor. Ancak Derya, *"Emre, bu harika bir kahvaltı. Ama kahvaltıda bir eksik var. Sence ne?"* diye soruyor.

Emre, *"Evet, biliyorum. Omlet eksik. Çünkü evde yumurta yok, maalesef."* diye cevap veriyor.

Derya şaşırıyor ve *"Ama… Ama evde yumurta var. Hem de bir düzine."* diyor. Emre, *"Bir düzine mi? Peki, ama nerede?"* diye soruyor. Derya masadan kalkıyor ve bir dolabı açıyor.

Derya, *"İşte burada… Ben yumurtaları her zaman bu dolaba koyuyorum."* diyor.

Derya ve Emre kahvaltıya oturuyorlar. Emre çay servisi yapıyor. Derya bu sırada ekmeğe reçel sürüyor.

Derya, *"Nefis bir kahvaltı… Omletsiz bile…"* diyor.

Vocabulary

omlet
omelette

mutfak dolabı
kitchen cupboard

ekmek
bread

Derya, Emre'ye bakıyor ve "Çok teşekkür ediyorum. Harika görünüyor." diyor.

---

mutfak kitchen

kahvaltı breakfast

göstermek to show

şaşırmak to be surprised

gerçekten de indeed, truly

eksik missing, lacking

maalesef unfortunately

bir düzine a dozen

nefis delicious

bile even

Comprehension Quiz

Quiz 1 Answer the following questions.

1. Pazar sabahı kim kahvaltı hazırlıyor?
2. Emre kahvaltı için çay demliyor mu?
3. Derya omleti seviyor mu?
4. Emre mutfakta kaç tane yumurta buluyor?
5. Derya kahvaltıyı beğeniyor mu?

Quiz 2 Choose the correct answer.

1. Emre neden mutfağa gidiyor?
    A) yemek hazırlamak için
    B) kahvaltı hazırlamak için
    C) kediye mama vermek için
    D) öğle yemeği hazırlamak için

2. Emre o sabah harika bir _____ hazırlıyor.
    A) akşam yemeği   B) bozuk
    C) kahvaltı   D) mama

3. Kahvaltı masasında ne eksik?
    A) omlet   B) peynir
    C) çay   D) domates

4. Derya her zaman saat kaçta uyanıyor?
    A) Sekizde
    B) Dokuz buçukta
    C) Onda
    D) Dokuzda

5. Pamuk bir yumurtayı kırıyor. Evde başka yumurta var mı?
    A) Hayır, hiç yumurta yok   B) Evet, evde çay var.
    C) Hayır, yok.   D) Evet, var.

Grammar Quiz

Quiz 1 Choose the correct answer.

1. Bu kaç? _____ (253)
   A) iki yüz elli üç
   B) yüz beş üç
   C) yüz iki elli üç
   D) iki yüz otuz üç

2. Bu resimde _____ kedi var?
   _____ kedi var.
   A) kaçıncı / sekiz
   B) kaç / dokuz
   C) kaç / sekiz
   D) hangi / sekiz

3. Sen kaç _____? / Ben 27 _____.
   A) yaşındasın / yaşındasın
   B) yaşındayım / yaşındalar
   C) yaşındasın / yaşındayım
   D) yaşındayım / yaşındayım

4. Bir _____ kaç parmak var?
   Bir elde _____ parmak var.
   A) elde / on
   B) elde / beş
   C) el / on
   D) elimde / yirmi

5. Bu _____ dört dondurma _____.
   A) resimden / var
   B) resimde / var
   C) resimde / yok
   D) resimde / var mı

Vocabulary Quiz

Quiz 1 Write the words for the pictures.

a_____ t_____ k_____

Quiz 2 Match the parts of the words and write the full word.

1. ça…   -çak   _____
2. bı…   -şık   _____
3. ta…   -bak   _____
4. ten…   -tal   _____
5. *ka…*   -cere   *kaşık*

Quiz 3 Complete the sentences with the words below.

| hızlı okula alışverişe neden kahvaltı |

1. Biz evde _____ yapıyoruz.
2. Ben şimdi _____ gidiyorum.
3. Sen _____ gülüyorsun?
4. Onlar çok _____ koşuyorlar.
5. Siz _____ mi gidiyorsunuz?

Quiz 4 Complete the sentences with the words below.

> hangi   ne   kim

1. Televizyonda _____ konuşuyor? / Sunucu konuşuyor.
2. Doktor sana _____ ilacı yazıyor? / Ağrı kesici yazıyor.
3. Görevli bana, "Senin adın _____?" diye soruyor.

Quiz 5 Correct the sentences below.
1. Sen telefonda kim ile konuşuyorum?
2. Bu resimleri kim çiziyorlar?
3. O çok güzel şarkı söylüyoruz.
4. Kuşlar, gökyüzünde uçuyoruz.
5. Annem mutfakta kahvaltı hazırlıyorsunuz.

Quiz 6 Complete the sentences with the words below.

> O   ben   biz   sen

1. _____ takım elbise giyiyorum.
2. _____ stadyumda futbol oynuyoruz.
3. _____ saçını tarıyorsun ve dişini fırçalıyorsun.
4. _____ bugün ofise biraz geç geliyor.

Cevap Anahtarı

Comprehension Quiz

Quiz 1

1. Pazar sabahı kim kahvaltı hazırlıyor?
   Emre hazırlıyor.

2. Emre kahvaltı için çay demliyor mu?
   Evet, demliyor.

3. Derya omleti seviyor mu?
   Evet, çok seviyor.

4. Emre mutfakta kaç tane yumurta buluyor?
   Bir tane yumurta buluyor.

5. Derya kahvaltıyı beğeniyor mu?
   Evet, çok beğeniyor.

Quiz 2

1. B)   2. C)   3. A)   4. D)   5. D)

Grammar Quiz

1. A)   2. C)   3. C)   4. B)   5. B)

Vocabulary Quiz

Quiz 1

1. ağaç   2. tabak   3. kaşık

Quiz 2

1. çatal
2. bıçak
3. tabak
4. tencere
5. kaşık

Quiz 3

1. Biz evde **kahvaltı** yapıyoruz.
2. Ben şimdi **okula** gidiyorum.
3. Sen **neden** gülüyorsun?
4. Onlar çok **hızlı** koşuyorlar.
5. Siz **alışverişe** mi gidiyorsunuz?

Quiz 4

1. Televizyonda **kim** konuşuyor?
   Sunucu konuşuyor.
2. Doktor sana **hangi** ilacı yazıyor?
   Ağrı kesici yazıyor.
3. Görevli bana, "Senin adın **ne**?" diye soruyor.

Quiz 5

1. Sen telefonda kim ile konuşuyorum? / **konuşuyorsun**
2. Bu resimleri kim çiziyorlar? / **çiziyor**
3. O çok güzel şarkı söylüyoruz. / **söylüyor**
4. Kuşlar, gökyüzünde uçuyoruz. / **uçuyorlar/uçuyor**
5. Annem mutfakta kahvaltı hazırlıyorsunuz. / **kahvaltı hazırlıyor**

Quiz 6

1. **Ben** takım elbise giyiyorum.
2. **Biz** stadyumda futbol oynuyoruz.
3. **Sen** saçını tarıyorsun ve dişini fırçalıyorsun.
4. **O** bugün ofise biraz geç geliyor.

Not

5

Kırmızı
Ayakkabılar

Derya bu sabah yine erken uyanıyor. Derya, *"Ne harika bir gün! Şimdi kahvaltı zamanı…"* diyor ve mutfağa gidiyor.

"Erken uyanmak ve kahvaltı hazırlamak… Bunları çok seviyorum." diyor. Derya elini yüzünü yıkıyor. Sonra da mutfağa gidiyor.

Bu sırada masada bir dergi görüyor. Sayfaları tek tek çeviriyor ve dergiyi okuyor. Derya dergide bir reklam görüyor. Bu bir ayakkabı reklamı. Derya, *"Ne harika bir ayakkabı! Rengi çok güzel, kırmızı… Tasarımı da harika…"* diyor. O, bu ayakkabıyı çok beğeniyor.

Derya bir süre bu reklama bakıyor. Ayakkabıyı inceliyor. Bu sırada Emre uyanıyor ve mutfağa geliyor. Emre, Derya'ya, *"Günaydın tatlım…"* diyor ama Derya onu duymuyor. Derya bir dergiye bakıyor.

Emre, Derya'ya yaklaşıyor ve o da dergiye bakıyor. Emre, *"Derya bir reklama bakıyor… Sanırım bu bir ayakkabı reklamı… Derya ayakkabıları çok seviyor."* diye düşünüyor.

Emre tekrar, *"Günaydın tatlım!"* diyor. Derya bu kez onu duyuyor ve *"Günaydın, hayatım."* diyor. Emre dergiyi işaret ediyor ve *"O bir ayakkabı reklamı mı?"* diye soruyor. Derya, *"Evet. Harika bir ayakkabı. Yeni bir model."* diye cevap veriyor.

Emre dergiyi alıyor ve reklamı inceliyor. Emre, *"Evet, bence de çok güzel."* diyor.

Derya dergiyi tekrar alıyor ve ayakkabıya bakıyor. Derya, *"Bu ayakkabıyı mutlaka satın almak istiyorum."* diyor.

Vocabulary

dergi
magazine

uyanmak
to wake up

kırmızı ayakkabılar
red shoes

Emre dergiyi işaret ediyor ve "O bir ayakkabı reklamı mı?" diye soruyor.

kırmızı red	**bu sırada** in the meantime
ayakkabı shoe	**dergi** magazine
sabah morning	**görmek** to see
erken early	**sayfa** page
harika wonderful	**tek tek** one by one
Ne harika bir gün!	**çevirmek** to turn
What a wonderful day!	**okumak** to read
kahvaltı zamanı breakfast time	**duymak** to hear
kahvaltı hazırlamak	**reklam** advertisement
to prepare breakfast	**işaret etmek** to point at
elini yüzünü yıkamak	**mutlaka** absolutely, certainly
to wash hands and face	

Emre ve Derya kahvaltı yapıyorlar. Emre daha sonra evden ayrılıyor. Derya ev işleri yapıyor. Bulaşık, ütü, temizlik... Ama bu sırada aklında hep o ayakkabı var. Derya öğleden sonra tüm işleri bitiriyor. Derya, *"Ev işlerim bitti. Şimdi o kırmızı ayakkabıyı satın almak istiyorum."* diyor.

Derya biraz sonra evden ayrılıyor ve bir taksiye biniyor. O şimdi alışverişe gidiyor. *"Çok heyecanlıyım. Acaba farklı renkleri var mı? Ama hayır... Ben kırmızı istiyorum."* diye düşünüyor.

Derya biraz sonra mağazaya geliyor.

Mağazada

Satış görevlisi Derya'ya, *"Hoş geldiniz. Nasıl yardımcı olabilirim?"* diye soruyor. Derya, *"Yeni ürünleriniz nerede? Yeni bir model bakıyorum."* diyor. Satış görevlisi, *"Yeni ürünler hemen şurada. Lütfen beni takip edin."* diyor. Derya çok heyecanlı. *"Sonunda..."* diye düşünüyor.

Satış görevlisi, Derya'ya yeni ürünleri gösteriyor ve *"Buyurun efendim. Tüm yeni ürünler burada. Siz hangi modele bakıyorsunuz?"* diye soruyor.

Derya tüm modellere tek tek bakıyor. Ama o ayakkabı raflarda yok. Derya, satış görevlisine, *"Bir dergide harika bir ayakkabı reklamı var. Kırmızı, uzun topuklu ve yeni bir model. Ben ondan istiyorum."* diyor.

Vocabulary

temizlik
cleaning

ütü
iron

uzun topuklu ayakkabılar
high heeled shoes

Satış görevlisi, *"Evet, efendim. O reklamı biliyorum. O model çok popüler. Sadece bu mağazada satılıyor. Ama sabah mağazaya geliyor ve akşam bitiyor. Şu an mağazada sadece bir tane var."* diyor.

Derya tüm modellere tek tek bakıyor. Ama o ayakkabı raflarda yok.

ayrılmak to leave
ev işi housework
bulaşık washing-up
temizlik cleaning
aklında in one's mind
hep always
öğleden sonra afternoon
bitirmek to finish
satın almak to buy
ayrılmak to leave
alışverişe gitmek to go shopping

heyecanlı excited
acaba I wonder if ...
farklı different
renk colour
mağaza shop
satış görevlisi sales assistant
ürün product
hemen şurada right there
takip etmek to follow
raf shelf
satılmak to be sold

Derya çok seviniyor. *"Harika! Onu satın almak istiyorum. Kaç numara? Hangi renk?"* diye soruyor. Satış görevlisi, *"Kırmızı renk ve 36 numara. Ama maalesef o ayakkabıyı bir beyefendi satın alıyor. Eşi için. Yeni ürünler mağazaya bir hafta sonra geliyor."* diyor.

Derya çok üzülüyor ve *"Bir hafta beklemek mi? Bu gerçekten zor ama başka çarem yok."* diyor. Satış görevlisi, *"Başka bir ayakkabı denemek istiyor musunuz?"* diyor soruyor. Derya, *"Hayır, teşekkür ederim. Ben sadece o ayakkabıyı satın almak istiyorum."* diyor.

Derya biraz sonra o mağazadan ayrılıyor. *"Acaba o son ayakkabıyı kim satın alıyor? Onun eşi çok şanslı!"* diye düşünüyor.

Evde

Derya eve geliyor. Kapıyı açıyor ve içeriye giriyor. Emre evde. Derya, *"Hayatım, bugün erkencisin."* diyor. Emre, *"Evet, hayatım. Bunun bir nedeni var."* diyor.

Derya merak ediyor ve *"Nasıl bir neden?"* diye soruyor. Emre, *"İşte bu nedenle..."* diyor ve masayı işaret ediyor. Derya başını çeviriyor ve masaya bakıyor. Orada büyük bir hediye paketi var. Emre, *"O senin için..."* diyor.

Derya hemen masaya gidiyor ve paketi açıyor. Derya bir çığlık atıyor.

"Aaa! Olamaz! Bu o ayakkabı. 36 numara ve kırmızı..." diyor.

Derya, Emre'ye sarılıyor ve *"Sen harika bir kocasın!"* diyor.

Vocabulary

üzülmek
to become upset

sevinmek
to become happy

hediye paketi
gift box

Derya, Emre'ye sarılıyor ve "Sen harika bir kocasın!" diyor.

Kaç numara? What size?
Hangi renk? What colour?
beyefendi gentleman
beklemek to wait
çare solution
başka bir another
denemek to try
sadece only
şanslı lucky
erkenci early comer, early bird

neden reason
merak etmek to wonder
bu nedenle for this reason
bakmak to look
hemen quickly, right away
açmak to open
çığlık atmak to scream
sarılmak to hug
harika wonderful
koca husband

Comprehension Quiz

Quiz 1 Answer the following questions.

1. Derya mutfakta ne görüyor?
2. Dergide ne reklamı var?
3. Ayakkabı hangi renk?
4. Derya mağazaya ne ile gidiyor?
5. Derya bir ayakkabı satın almak istiyor. O ne renk?

Quiz 2 Choose the correct answer.

1. Derya taksi ile nereye gidiyor?
   A) giyim mağazasına
   B) ayakkabı mağazasına
   C) markete
   D) iş yerine

2. Dergide ne reklamı var?
   A) telefon reklamı
   B) elbise reklamı
   C) ayakkabı reklamı
   D) içecek reklamı

3. Ayakkabı için hangisi yanlış?
   A) kısa topuklu
   B) kırmızı renkli
   C) uzun topuklu
   D) yeni bir model

4. Mağazada bir ayakkabı var. O kaç numara?
   A) 38 numara
   B) 36 numara
   C) 35 numara
   D) 37 numara

5. Son ayakkabıyı aslında kim satın alıyor?
   A) Görevli satın alıyor.
   B) Hiç kimse satın almıyor.
   C) Emre satın alıyor.
   D) Derya satın alıyor.

Grammar Quiz

Choose the correct answer.

1. Bu adam arabanın _____.
   A) yanında
   B) içinde
   C) altında
   D) üstünde

2. Şemsiye adamların _____.
   A) altında
   B) arkasında
   C) yanında
   D) üstünde

3. Çocuklar ağacın _____.
   A) üstünde
   B) altında
   C) içinde
   D) önünde

4. Kız, perdenin _____.
   Erkek, perdenin _____.
   A) arkasında / önünde
   B) önünde / arkasında
   C) yanında / üzerinde
   D) arkasında / yanında

5. Çanta, masanın _____.
   A) altında
   B) içinde
   C) üstünde
   D) önünde

Vocabulary Quiz

Quiz 1 Write the words for the pictures.

hediye p———— k—————— kol————

Quiz 2 Match the parts of the words and write the full word.

1. *ayak...*	-ye	*ayakkabı*
2. hedi...	-rün	_____
3. ter...	-za	_____
4. ü...	*-kabı*	_____
5. mağa...	- lik	_____

Quiz 3 Complete the sentences with the words below.

> yemekler   saat kaçta   uçak   yumurta   ayakkabı

1. Bu _____ kaç numara?
2. Bu hafta sonu _____ ile tatile gidiyorum.
3. Bu _____ harika. Bunları kim pişiriyor?
4. Ben kahvaltıda _____ yiyorum ve çay içiyorum.
5. Tren _____ hareket ediyor?

Quiz 4 Complete the sentences with the words below.

> numara   porsiyon   nereden

1. Onlar _____ geliyorlar? / Alışverişten geliyorlar.
2. Kaç _____ baklava istiyorsunuz? / Bir porsiyon lütfen.
3. Kaç _____ ayakka56bı giyiyorsunuz? / 41 numara giyiyorum.

Quiz 5 Correct the sentences below.

1. Ben şimdi ofise gidiyorsun.
2. Biz iki porsiyon tatlı istiyorum.
3. Hayır, biz bugün işe gitmiyorsun. Tatile gidiyoruz.
4. Siz şimdi ne içmek istiyorlar?
5. Öğrenciler kütüphanede ders çalışıyorsunuz.

Quiz 6 Complete the sentences with the words below.

> biz   ben   o   onlar   sen

1. _____ şimdi resim çiziyor.
2. _____ temizlik yapıyorsun.
3. _____ markete gidiyoruz.
4. _____ telefonla konuşuyorlar.
5. _____ şimdi bir film seyrediyorum.

Cevap Anahtarı

Comprehension Quiz

Quiz 1

1. Derya mutfakta ne görüyor?
   Derya, mutfakta bir dergi görüyor.
2. Dergide ne reklamı var?
   Dergide bir ayakkabı reklamı var.
3. Ayakkabı hangi renk?
   Ayakkabı kırmızı renk.
4. Derya mağazaya ne ile gidiyor?
   Taksi ile gidiyor.
5. Derya bir ayakkabı satın almak istiyor. O ne renk?
   Kırmızı renk.

Quiz 2

1. B)   2. C)   3. A)   4. B)   5. C)

Grammar Quiz

1. C)   2. D)   3. B)   4. A)   5. C)

Vocabulary Quiz

Quiz 1

1. hediye paketi   2. kolye   3. kol saati

Quiz 2

1. ayakkabı
2. hediye
3. terlik
4. ürün
5. mağaza

Quiz 3

1. Bu **ayakkabı** kaç numara?
2. Bu hafta sonu **uçak** ile tatile gidiyorum.
3. Bu **yemekler** harika. Bunları kim pişiriyor?
4. Ben kahvaltıda **yumurta** yiyorum ve çay içiyorum.
5. Tren **saat kaçta** hareket ediyor?

Quiz 4

1. Onlar **nereden** geliyorlar?
   Alışverişten geliyorlar.

2. Kaç **porsiyon** baklava istiyorsunuz?
   Bir porsiyon lütfen.

3. Kaç **numara** ayakkabı giyiyorsunuz?
   41 numara giyiyorum.

Quiz 5

1. Ben şimdi ofise gidiyorsun. / **gidiyorum**
2. Biz iki porsiyon tatlı istiyorum. / **istiyoruz**
3. Hayır, biz bugün işe gitmiyorsun. Tatile gidiyoruz. / **gitmiyoruz**
4. Siz şimdi ne içmek istiyorlar? / **istiyorsunuz**
5. Öğrenciler kütüphanede ders çalışıyorsunuz. / **çalışıyorlar**

Quiz 6

1. **O** şimdi resim çiziyor.
2. **Sen** temizlik yapıyorsun.
3. **Biz** markete gidiyoruz.
4. **Onlar** telefonla konuşuyorlar.
5. **Ben** şimdi bir film seyrediyorum.

Not

6

Davetsiz Misafir

Emre ve Derya arabadalar. Onlar pikniğe gidiyorlar. Emre, *"Bugün hava güneşli ve güzel. Piknik için harika bir gün. Sence de öyle değil mi?"* diye soruyor. Derya, *"Evet, hayatım. Bence de öyle. Hava çok güzel."* diye cevap veriyor.

Derya biraz sonra Emre'ye, *"Bardaklar, tabaklar, bıçaklar, çatallar, kaşıklar, yiyecekler, içecekler... Her şey tamam mı? Eksik var mı?"* diye soruyor. Emre, *"Hayır, hayatım. Eksik yok. Her şey piknik sepetinde. Merak etme lütfen."* diye cevap veriyor.

Piknik Alanında

Emre ve Derya piknik alanına geliyorlar. Burası harika bir piknik alanı. Bir göl kenarı. Derya bir masayı işaret ediyor ve *"Emre, bence şu masa çok güzel..."* diyor. Emre masaya bakıyor ve *"Evet, canım. Bence de çok güzel. Ağacın altında."* diyor.

Birlikte masaya yürüyorlar. Emre piknik sepetini yere bırakıyor ve *"Derya ben biraz yürümek istiyorum. Ya sen?"* diye soruyor. Derya, *"Tabii ki. Ben de biraz yürümek istiyorum."* diye cevap veriyor.

Sepeti oraya bırakıyorlar ve yürüyorlar.

Göl Kenarında

Önce göle gidiyorlar. Gölde ördekler var. Derya ördekleri işaret ediyor ve *"Emre şunlara bak. Ne kadar güzeller..."* diyor. Emre de, *"Evet, hayatım. Bence de..."* diye cevap veriyor.

Vocabulary

araba	**göl**	**ördek**	**ağaç**
car	lake	duck	tree

Derya ve Emre bir süre ördekleri seyrediyorlar. Emre biraz sonra, *"Bence bu kadar yeterli. Çok açım."* diyor.

Derya, *"Tamam o zaman. Haydi, geri dönüyoruz."* diyor.

Derya ördekleri işaret ediyor ve "Emre şunlara bak. Ne kadar güzeller…" diyor.

---

güneşli sunny
sence in your opinion
bence in my opinion
hava weather
tamam okay
eksik missing
piknik sepeti picnic basket
Merak etme lütfen.
    Don't worry, please.
piknik alanı picnic area
yer ground, floor

göl kenarı lake edge
işaret etmek to point at
birlikte together
yürümek to walk
tabii ki for sure
seyretmek to watch
bu kadar this much
yeterli enough
aç hungry
geri dönmek to return
Tamam o zaman. All right then.

Piknik Alanında

Derya ve Emre piknik alanına dönüyorlar. Önce masa örtüsünü çıkarıyorlar ve onu masaya seriyorlar. Sonra da yavaş yavaş diğer malzemeleri çıkarıyorlar.

Çatallar, bıçaklar, tabaklar... Ayrıca içecekler ve bazı kahvaltılıklar: Domates, peynir, zeytin... Sonra birkaç tane muz... Derya ve Emre tüm malzemeleri masaya koyuyorlar.

Derya, Emre'ye, *"Hayatım sen mangalı yak. Ben köfteleri hazırlıyorum."* diyor. Emre, *"Tamam hayatım."* diyor.

Emre mangalı hazırlıyor. Mangala biraz kömür koyuyor ve onu yakıyor. Biraz sonra Derya, *"Emre, köfteler nerede?"* diye soruyor.

Emre, Derya'ya bakıyor ve *"Piknik sepetinde."* diye cevap veriyor. Derya boş sepeti işaret ediyor ve *"Hayır, Emre. Sepette köfte yok."* diyor.

Emre hemen masaya geliyor ve sepete bakıyor. *"Olamaz! Sepette köfte yok."* diyor ve çok şaşırıyor.

Derya, *"Peki ama köfteler nerede?"* diye soruyor. Emre, *"Bilmiyorum."* diye cevap veriyor.

Derya, *"Köfteler belki de mutfakta... Buzdolabında..."* diyor. Emre, *"Evet, hayatım, belki de... Ama ben şu an çok açım..."* diyor. Derya, *"Haklısın, hayatım. Masada birkaç tane muz var. Bir tane muz al ve onu ye..."* diyor.

Ancak bir sorun var. Emre masaya bakıyor ve *"Muzlar... Derya masada kaç tane muz var?"* diye soruyor.

Vocabulary

mangal
barbecue

piknik sepeti
picnic basket

buzdolabı
refridgerator

Emre hemen masaya geliyor ve sepete bakıyor. "Olamaz! Sepette köfte yok." diyor ve çok şaşırıyor.

dönmek to return	**yakmak** to light, to burn
masa örtüsü table cloth	**hazırlamak** to prepare
çıkarmak to take out	**kömür** coal
sermek to spread	**koymak** to put
malzemeler things	**bakmak** to look
çatal fork	**belki (de)** maybe
bıçak knife	**Haklısın.** You are right.
tabak plate	**birkaç** several
köfte meat ball	**sorun** problem

79

Derya, *"Bilmiyorum ama masada birkaç tane muz var. Neden soruyorsun?"* diyor. Emre, *"Hayatım, masada bir tane muz var."* diyor.

Derya hemen masaya bakıyor. Masada gerçekten de sadece bir tane muz var. Derya, *"Ama bu nasıl oluyor? Diğer muzlar nerede?"* diye soruyor.

Emre, *"Bilmiyorum... Burada neler oluyor?"* diyor. Derya etrafa bakıyor ve *"Burada birisi mi var? Birisi şaka mı yapıyor?"* diye soruyor.

Ancak etrafta hiç kimse yok. Onlar yalnız. Tam bu sırada Emre masayı işaret ediyor ve *"Derya... Masaya bak!"* diye bağırıyor.

Derya hemen dönüyor ve masaya bakıyor. Derya, *"Ama bu... Bu bir maymun!"* diye bağırıyor.

Evet, masada minik ve çok sevimli bir maymun var. Emre ve Derya maymuna bakıyorlar. Maymun da onlara bakıyor. Emre, *"Bu maymun nereden geliyor? Bu hiç de normal değil."* diye soruyor.

Derya, *"Yakınlarda bir hayvanat bahçesi var. Sanırım oradan geliyor."* diyor. Emre, *"Evet, haklısın."* diye cevap veriyor ve *"Şimdi ne yapıyoruz?"* diye soruyor.

Derya cevap vermiyor ve yavaşça maymuna yaklaşıyor.

Biraz sonra

Derya ve Emre masada oturuyorlar ve kahvaltı yapıyorlar. Ancak şimdi masada yalnız değiller.

Masada davetsiz bir misafir var: Minik maymun.

Vocabulary

maymun
monkey

hayvanat bahçesi zoo

Masada davetsiz bir misafir var: Minik maymun.

bakmak to look
gerçekten de truly
sadece only
Burada neler oluyor?
   What's going on here?
etrafa bakmak to look around
birisi someone
şaka joke
etrafta around
yalnız alone

tam bu sırada just then
bağırmak to shout
hemen quickly, right away
sevimli cute
yakınlarda nearby
Sanırım. I think.
cevap vermek to reply
yaklaşmak to approach
yalnız alone
davetsiz misafir uninvited guest

Comprehension Quiz

Quiz 1 Answer the following questions.

1. Emre ve Derya nereye gidiyorlar?
2. O gün hava yağmurlu mu?
3. Onlar göl kenarında neleri seyrediyorlar?
4. Emre masada ne görüyor?
5. O nasıl bir maymun?

Quiz 2 Choose the correct answer.

1. Derya ve Emre pikniğe ne ile gidiyorlar?
   A) bisiklet ile   B) otobüs ile
   C) taksi ile   D) araba ile

2. Onlar sepeti bırakıyorlar. Sonra nereye yürüyorlar?
   A) göl kenarına   B) dağa
   C) deniz kenarına   D) ormana

3. Hangi seçenek **doğru**?
   A) Emre aç değil.
   B) Derya maymunu sevmiyor.
   C) Gölde ördekler var.
   D) Onlar pikniğe gitmiyorlar.

4. Masada hangi kahvaltılık **yok**?
   A) zeytin
   B) fıstık ezmesi
   C) domates
   D) peynir

5. Piknik alanında kaç tane maymun var?
   A) İki tane   B) Beş tane
   C) Üç tane   D) Bir tane

Grammar Quiz

Choose the correct answer.

1. Bu adam şimdi koşuyor _____?
    A) musun
    B) mi
    C) muyuz
    D) mu

2. Ben şimdi çiçek _____.
    A) kukluyor
    B) kokluyorum
    C) kokluyorsun
    D) kokluyoruz

3. Onlar uyu_____, konuş_____.
    A) -muyorum, -uyorsunuz
    B) -muyoruz, -uyoruz
    C) -muyorsun, -uyorlar
    D) -muyorlar, -uyorlar

4. Bu kadın telefon _____ konuş_____.
    A) ve, -uyor
    B) ile, -uyor
    C) ile, -ıyor
    D) ile, -uyorsun

5. O şimdi _____ bakıyor.
    A) bilgisayara
    B) bilgisayarda
    C) bilgisayarı
    D) bilgisayar

Vocabulary Quiz

Quiz 1 Write the words for the pictures.

masa ö_____ k_____ s_____

Quiz 2 Match the parts of the words and write the full word.

1. kol…   -zet   _____
2. klo…   -*zo*   _____
3. *va…*   -lo   *vazo*
4. lava…   -tuk   _____
5. tab…   -bo   _____

Quiz 3 Complete the sentences with the words below.

tablolar   oda   omlet   çalışma masası   misafir

1. Bugün bize akşam yemeği için _____ geliyor.
2. Çalışma odası için _____ satın alıyoruz.
3. Bu evde kaç _____ var?
4. Sabah kahvaltısı için _____ yapıyorum.
5. Evimiz için yeni _____ satın alıyoruz.

Quiz 4 Complete the sentences with the words below.

> ördekler   şirkette   mutlu   ormanda

1. Bu _____ harika bir göl var. Gölde _____ var.
2. Bugün kendimi çok _____ hissediyorum.
3. Siz bu _____ mi çalışıyorsunuz?

Quiz 5 Correct the sentences below.

1. Biz pikniğe gidiyoruz. Siz de geliyor musun?
2. Evet, ben çok iyi bir yüzücüsün.
3. Sen neden bu kadar hızlı araba kullanıyor?
4. Hava durumu, "Bugün hava yağışlı." diyorsun.
5. Annem harika yemekler yapıyorlar.

Quiz 6 Complete the sentences with the words below.

> onlar   ben   sen   o   siz

1. _____ harika pastalar yapıyor.
2. _____ neden bu kadar çok gülüyorsun?
3. _____ her zaman çok iyi çalışıyorlar.
4. _____ bu sınav için çok çalışıyorum.
5. _____ yeni bir ayakkabı almak istiyorsunuz.

Cevap Anahtarı

Comprehension Quiz

Quiz 1

1. Emre ve Derya nereye gidiyorlar?
   Pikniğe gidiyorlar.

2. O gün hava yağmurlu mu?
   Hayır, değil. Güneşli ve güzel.

3. Onlar göl kenarında neleri seyrediyorlar?
   Ördekleri seyrediyorlar.

4. Emre masada ne görüyor?
   Bir maymun görüyor.

5. O nasıl bir maymun?
   Minik ve sevimli.

Quiz 2

1. D)   2. A)   3. C)   4. B)   5. D)

Grammar Quiz

1. D)   2. B)   3. D)   4. B)   5. A)

Vocabulary Quiz

Quiz 1

1. masa örtüsü   2. koltuk   3. sandalye

Quiz 2

1. koltuk
2. klozet
3. vazo
4. lavabo
5. tablo

Quiz 3
1. Bugün bize akşam yemeği için **misafir** geliyor.
2. Çalışma odası için **çalışma masası** satın alıyoruz.
3. Bu evde kaç **oda** var?
4. Sabah kahvaltısı için **omlet** yapıyorum.
5. Evimiz için yeni **tablolar** satın alıyoruz.

Quiz 4
1. Bu **ormanda** harika bir göl var. Gölde **ördekler** var.
2. Bugün kendimi çok **mutlu** hissediyorum.
3. Siz bu **şirkette** mi çalışıyorsunuz?

Quiz 5
1. Biz pikniğe gidiyoruz. Siz de geliyor musun? / **geliyor musunuz**
2. Evet, ben çok iyi bir yüzücüsün. / **yüzücüyüm**
3. Sen neden bu kadar hızlı araba kullanıyor? / **kullanıyorsun**
4. Hava durumu, "Bugün hava yağışlı." diyorsun. / **diyor**
5. Annem harika yemekler yapıyorlar. / **yapıyor**

Quiz 6
1. **O** harika pastalar yapıyor.
2. **Sen** neden bu kadar çok gülüyorsun?
3. **Onlar** her zaman çok iyi çalışıyorlar.
4. **Ben** bu sınav için çok çalışıyorum.
5. **Siz** yeni bir ayakkabı almak istiyorsunuz.

Dictionary

A

acaba I wonder if
acil urgent, emergency
aç (aç olmak) hungry (to be hungry)
açım I am hungry.
açmak to open
adam man
adım my name
adına in the name of
ağaç tree
ağrı kesici pain killer
aklında in (one's) mind
akşam evening
akşamüzeri towards evening
alışveriş shopping
alışveriş listesi shopping list
alışverişe gitmek to go shopping
alışverişi bitirmek to finish shopping
almak to take, to buy
almak üzere about to take/buy
altında under
ama but
ama ya ...? but what about ...?
ancak but
anne mother
araba car
arabaya koymak to put in the car
aramak to call; to look for
arkadan from behind
arzu etmek to wish
aslında in reality
aşağıya düşmek to fall down

aşkım my love
ayakkabı shoe
aynı same
ayrıca also, furthermore
ayrılmak to leave

B

bağırmak to shout
bahçe garden
bakmak to look
bardak glass
baş head
başını çevirmek to turn your head
başka other
başlamak to begin
bazı some
beğenmek to like
beklemek to wait
belki (de) maybe
bence de I think so too
beyaz peynir white cheese
beyefendi gentleman
bıçak knife
bırakmak to leave something
bile even
bilet ticket
bilet uzatmak to hand out ticket
bilet (satın) almak to buy ticket
bilmek to know
bir anda all of a sudden
bir hafta sonra after a week
bir koli yumurta a carton of eggs
bir paket makarna a pack of pasta

bir şey something
bir şey olmak (something) to happen
bir şeyler things
bir süre for a while
bir süre sonra after a while
bir tane one piece
bırakmak to leave
biraz a bit, some
biraz daha a bit more
biraz önce a short while ago
biraz sonra after a while
birisi somebody
birkaç several
birkaç tane several pieces
birlikte together
bitirmek to finish
borç debt
boş empty
bu this
bu arada in the meantime
bu kadar this much
bu kez this time
bu sırada in the meantime
bugün today
bulaşık washing-up
bunlar these
burada here
burası this place
buyurun Here you are; Please come in.
buzdolabı refridgerator
büyük big
büyük boy big size

C Ç

canım sweetheart
canlı live, alive
canlı gibi It's like real/alive.
cevap vermek to reply
çanta bag
çare solution
çatal fork
çay tea
çay demlemek to brew the tea
çay servisi tea service
çay servisi yapmak to serve the tea
çevirmek to turn
çiçek flower
çiçek sulamak to water
çığlık atmak to scream
çıkarmak to take out
çıkmak to leave, to go out
çok very, much
çok az very little
çünkü because

D

dağ mountain
daha more
daha sonra later, afterwards
davetsiz uninvited
demek it means
denemek to try
deniz kenarı seaside
dergi magazine
dergiyi almak to take/buy the magazine
diğer other
diğer malzemeler other stuff

dinlemek to listen
diş tooth
diş fırçalamak to brush teeth
doğru correct; straight ahead
dokunmak to touch
dolap cupboard
dolaşmak to walk around
domates tomato
dönmek to return
durmak to stop
duymak to hear
düşünmek to think
düşürmek to drop something
düşürmek üzere about to drop something
düzine dozen

E

efendim sir, madam; Pardon?
eğlenmek to have fun
ekmek bread
eksik missing, lacking
eksik yok Nothing is missing.
el hand
el sallamak to wave
eline almak to hold; to handle
elini yüzünü yıkamak to wash the hands and the face
erken early
erken uyanmak to wake up early
erkenci early bird; early comer; early riser
eş spouse
etraf surroundings, vicinity
etrafa bakmak to look around

ev house, home
ev işleri housework
ev işleri yapmak to do housework
evden ayrılmak to leave home
eve gelmek to come home
evet yes
Evet efendim Yes, madam/sir

F

farkında aware
farkındayım I am aware.
farklı different
favori favourite
fıstık ezmesi peanut butter
film film, movie
film afişi film poster

G

galiba probably
garson waiter, waitress
gelmek to come
gerçek real
gerçek gibi like real
gerçekten for real, really
geri gönmek to go back
gibi like
gişe ticket office
gitmek to go
giymek to wear
göl lake
göl kenarı lake edge
görevli attendant, employee
görmek to see
görünmek to seem, to look
göstermek to show

göz eye
gözlerini kapatmak to close eyes
gözlük eyeglass
gülmek to laugh
gülümsemek to smile
gün day
günaydın good morning
güneşli sunny
güzel beautiful

H

haklı right
haklı olmak to be right
hâlâ still
hangi which
hangi renk what colour
hangi seans which session
hangi sıradan which row
harika wonderful
harika görünmek to look wonderful
hatırlamak to remember
hava weather
hayal gücü imagination
hayalet ghost
hayatım sweetheart, darling
haydi come on
hayır no
hayvanat bahçesi zoo
hazırlamak to prepare
hediye paketi gift pack/box
hemen quickly, right away
hemen şurada right there
hep always
her ikisi de both of them
her şey everything

her şey tamam gibi Everything
  seems to be okay.
her şey tamam mı? Is everything
  okay?
her zaman all the time
heyecanlanmak to get excited
heyecanlı excited
hiç kimse nobody
hızla swiftly, quickly
hoş geldiniz welcome

I İ

ısmarlamak to order
içecek drinks
içeriye girmek to enter
ilk kez for the first time
ince ince finely
ince ince kesmek to cut finely
incelemek to examine, to study
istemek to want
iş work
işaret etmek to point at
işe gitmek to go to work
işte burada here it is

K

kaç numara what size
kaç tane how many
kağıt paper
kahvaltı breakfast
kahvaltı hazırlamak to prepare
  breakfast
kahvaltı yapmak to have breakfast
kahvaltı zamanı breakfast time
kahvaltılık breakfast food
kalkmak to stand up; to get up

kantin canteen, cafeteria
kantin görevlisi canteen worker
kapatmak to close
kapı door
kapıyı açmak to open the door
kapıyı kapatmak to close the door
kart card
kaşık spoon
kedi cat
kendi kendine by oneself; on one's own; to himself/herself
kendi kendine konuşmak to talk to oneself
kesmek to cut
kırmızı red
kısık ateş low heat
kızarmış grilled
kim who
koca husband
kocaman enormous
koltuk numarası seat number
kontrol etmek to check, to control
koşmak to run
koymak to put
köfte meatball
kömür coal
kucağına almak to take on one's lap
kucak lap
küçük small

L

lavabo sink; bathroom
lazım necessary
limonata lemonade

liste list
lütfen please

M

maalesef unfortunately
mağaza shop
malzeme things
mangal barbecue
mangalı yakmak to light the barbecue
mango suyu mango juice
market convenience store
market arabası shopping trolley
masa table
maymun monkey
-mek/mak üzere about to do something
menü menu
merak etmek to wonder; to worry
mesafe distance
minik minic
mısır corn
miyavlamak to meov
model model, style
mont overcoat, winter jacket
mum candle
mutfak kitchen
mutlaka absolutely, certainly
mutlu yıllar happy new year; happy birthday to you
muz banana

N

nakit cash; in cash
nasıl how
Nasıl yardımcı olabilirim?

How can I help?
ne what
neden why
neden (sebep) reason
nefis delicious
nerede where
nereden from where
normal normal

O Ö

ocak cooker; January
oda room
odadan çıkmak to leave room
okşamak to pet
okumak to read
olamaz Impossible! No way!
omlet omelette
omletsiz without omelette
onlar they
onun için for him/her
orada there
oraya to there
orman forest
orta(-lar) middle
oturmak to sit
oynamak to play
ödeme payment
önemli important
ördek duck
öyle so, such, like that
Öyle değil mi? Don't you think so?/
   Don't you agree?

P

pahalı expensive

paketi açmak to open the parcel
pano board, panel
para money
parayı uzatmak to hand out the
   money
pasta cake
Pazar Sunday
pazar market
Peki efendim
   Okay, madam/sir
peynir cheese
pikniğe gitmek to go for a picnic
piknik picnic
piknik alanı picnic area
piknik sepeti picnic basket
pişirmek to cook
popüler popular
prenses princess

R

raf shelf
reçel jam
reçel sürmek to spread jam
reklam advertisement
renk colour
restoran restaurant
reyon department
reyon görevlisi department
   attendant
rezervasyon reservation, booking
rica etmek to request

S Ş

saat hour, watch
saate bakmak to check the time
sabah morning

sabırsızlanmak to get impatient
sadece only, just
sakal beard
salatalık cucumber
salon hall
salon numarası hall number
sanırım I think
sarılmak to hug
sanki as if
sanmak to think; to suppose
satılmak to be sold
satın almak to buy
satış görevlisi sales assistant
sayfa page
seans session
seçenek option, choice
sen you
sence in your opinion
senin için for you
sepet basket
sermek to spread; to lay
ses voice, sound, noise
seslenmek to call out to
sesler sounds, noises
sessizce quietly
sevimli cute
sevinmek to be happy
sevmek to like, to love
seyretmek to watch
sıra row
Sırada ne var? What's next?
sinema cinema
sipariş order
sipariş vermek to order
siz you

sizin için for you
soğuk cold
sonra then, later, afterwards
sonunda in the end
sormak to ask
sorun problem
söylemek to say
su water
sürpriz surprise
sürpriz yapmak to surprise
şaka joke
şaka yapmak to joke
şakacı joker
şanslı lucky
şapka hat
şaşırmak to be surprised
şehir city
şimdi now
şişe bottle
şu an now
şu an için for now
şunlar those

T

tabağa koymak to put on the plate
tabak plate
tabii ki of course, for sure
takım elbise suit
takip etmek to follow
taksi taxi
tam bu sırada just then
tamam okay
Tamam o zaman. All right then.
tane piece
tanımak to know, to recognize

tasarım   design
tatil   holiday
tatlım   sweetheart
tava   frying pan
tavuk   chicken
tek tek   one by one
tekrar   again
tekrar bakmak   to look again
telefon çalmak   (phone) to ring
telefona bakmak   to answer the phone
telefonu açmak   to answer the phone
telefonu kapatmak   to hang up
temizlik   cleaning
tereyağı   butter
teşekkür etmek   to thank
tezgah   kitchen counter
tuhaf   strange
tüm   all, whole

U Ü

uyanmak   to wake up
uyumak   to sleep
uzatmak   to hand out
uzun   long, tall
uzun topuklu   long heeled
ünlü   famous
ütü   iron
ütü yapmak   to iron
üzülmek   to be upset

V

ve   and
ve ya   or

Y

yağ   oil
yakınlarda   in the vicinity, nearby
yaklaşmak   to approach
yalnız   alone
yaramazlık   naughtiness, mischief
yardımcı olmak   to help
yarım kilo   half a kilo
yavaş yavaş   slowly
yavaşça   slowly
yemek   food, meal, dish
yemek yemek   to eat
yeni   new
yeni model   new model
yeni ürün   new product
yer   place, ground, floor
yere bırakmak   to leave on the ground
yere düşürmek   to drop on the ground/floor
yerleştirmek   to place, to put
yeterli   enough, sufficient
yıkamak   to watch
yine   again, still
yiyecek   food
yok   there isn't, ... doesn't exist
yudum   sip
yumurta   egg
yumurta kırmak   to break eggs
yürümek   to walk
yüz   face; hundred

Z

zeytin   olive
zor   hard, difficult

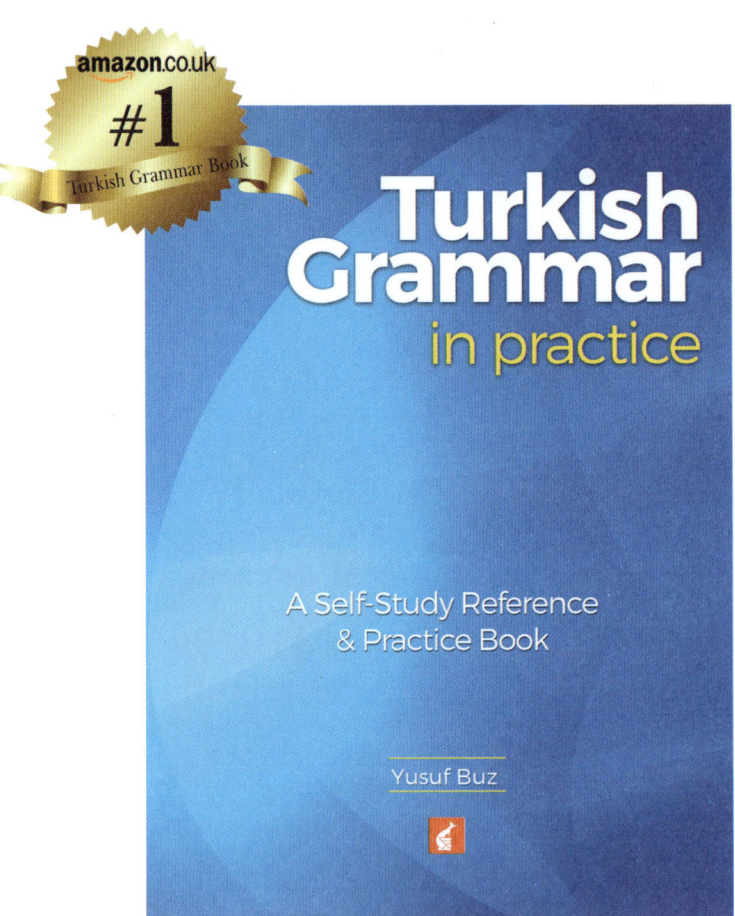

Turkish Grammar
in practice

A Self-Study Reference
& Practice Book

Yusuf Buz

CEFR A1-B1

- 114 two-page units
- 3000 practice questions
- Over 2000 sentences and dialogues
- Full key to exercises
- Dictionary
- Index